Pauline Charlène MATOTOU-TEMBY

Cinq ans avec Jésus:

Pauline Charlène MATOTOU-TEMBY

Cinq ans avec Jésus:

Puis-je y arriver?

Éditions Croix du Salut

Imprint

Any brand names and product names mentioned in this book are subject to trademark, brand or patent protection and are trademarks or registered trademarks of their respective holders. The use of brand names, product names, common names, trade names, product descriptions etc. even without a particular marking in this work is in no way to be construed to mean that such names may be regarded as unrestricted in respect of trademark and brand protection legislation and could thus be used by anyone.

Cover image: www.ingimage.com

Publisher:
Éditions Croix du Salut
is a trademark of
Dodo Books Indian Ocean Ltd. and OmniScriptum S.R.L publishing group

120 High Road, East Finchley, London, N2 9ED, United Kingdom
Str. Armeneasca 28/1, office 1, Chisinau MD-2012, Republic of Moldova, Europe
Printed at: see last page
ISBN: 978-620-6-16976-5

CINQ ANS AVEC JÉSUS :

Puis-je y arriver ?

Sommaire :

Dédicaces

Mon Rimchaw, ce livre est le tien !

Ce livre est ton inspiration ;

Comme tu pouvais le dire, cinq est le chiffre de la grâce,

Et c'est une véritable grâce que tu me fais.

Non seulement de pouvoir l'écrire,

De me donner les mots ;

Mais aussi d'être avec moi malgré les erreurs commises au cours de chacune de ces années.

Je ne suis pas plus méritante qu'une autre, mais tu as bien voulu être avec moi.

Te révéler à moi et m'encourager même quand je me suis sentie sale et que je disais que j'aurais dû être loin de toi car j'avais fait tellement d'erreurs et que j'avais toujours manqué de discernement.

Et là, tu pouvais me dire que c'est parce que je suis faible avec des défauts que tu es là et non le contraire.

Si j'étais trop forte ou parfaite, comment aurais-je pu reconnaitre ta présence ou encore les bienfaits de Dieu dans ma vie ?

Je ne t'aurai jamais rendue Ta Gloire car je me serais dite que tout cela est le fruit de mes propres efforts et non le contraire.

Les hommes ont des coachs, mais moi je t'ai car c'est toi mon enseignant par excellence et je ne peux pas dire autre chose.

Être à ton école est à la fois douloureux car on apprend souvent avec larmes, mais c'est très bénéfique car je grandis de jour en jour.

J'ai appris avec larmes à plusieurs reprises car je ne voulais pas écouter quand tu parlais et j'avais peur de foncer. La peur d'échouer agissait comme un blocage en moi.

Mais tu me rappelais toujours que tu étais présent et que je devais te faire confiance.

Moi-même je ne me rends pas compte de la grâce que tu as déposé sur ma vie, mais ceux qui ont des yeux peuvent en jouir.

Tu es le Véritable et depuis que je te connais, un mot s'est ajouté à ma vie : En toi je suis une personne **épanouie**.

Alors, reçois cette dédicace qui est juste l'expression de la louange que mon âme puisse t'exprimer.

Le condensé de ces cinq années avec toi,

Le résumé de notre vie à deux,

Je sais qu'il y en aura encore beaucoup,

Alors je veux juste bénir ton nom afin que tu impactes toutes ces personnes qui prendront ce livre et qui sauront saisir la portée de ces écrits mais aussi recevoir l'onction que tu veux que je transmette à travers ces mots.

Je sais que ce livre est différent des autres, il a véritablement quelque chose de particulier.

Reçois toute ma louange Papa.

Ta Princesse Rimcha.

Remerciements

Tout d'abord, je tiens à remercier ma maman pour tout ce qu'elle est et ce qu'elle fait pour moi, **LASSY MAVOUNGOU Hélène** que Dieu te bénisse abondamment.

Merci à mes parents spirituels, **le couple GUEI**, pour leurs précieux conseils et surtout leur amour envers moi,

Ce merci provient de mon cœur **Nicodème Fievel** ! Toi par qui le Seigneur est passé pour faire ressurgir de moi l'envie d'écrire, de me poser afin de produire ce livre. Être avec toi est juste une preuve d'amour que le Seigneur a permis, que Jésus rentre pleinement dans ta vie.

Un merci particulier à **Martin** ; mon ami, un confident que le Seigneur m'a donné sur ce parcours. Une personne qui m'a boosté pour faire sortir le meilleur de moi.

Merci à mes précieuses sœurs : **Euphrasie, Luxe, Angie Bidaye, Khissy, Danielle, Coretha, Ersilia, Paula, Zoé**, merci pour votre soutient et vos différents encouragements, merci de croire en moi.

Un merci spécial à mon **Responsable Prince KOUADIO**, tu es un homme bon et au grand cœur, être à tes cotés c'est apprendre à être humble et surtout être disponible à tout moment pour Dieu, même quand tu ne l'as pas programmé.

Merci à mon **AP Paul OKON**, Serviteur de Dieu, tu es un frère mais aussi une personne qui a un œil sur moi à chaque instant, que Jésus te bénisse abondamment.

Merci **Yaya Evan Chris** d'être là et de me soutenir même quand tu me recadres.

Merci **AP François YAPO** pour ton assistance et ton soutient sans faille, une sentinelle qui veille à chaque instant.

Merci à toute la **Glorieuse Tribu Dan**, vous savez à quel point je vous aime ; vous êtes ma famille. Que Jésus étonne chacune des personnes que vous êtes.

Merci à la **Famille d'Honneur de Liberté 6**, je tiens à bénir le Seigneur pour vos vies.

Merci à tout le **Département de La Gestion de Cultes**, je bénis véritablement le Seigneur pour vos vies surtout pour toi **Responsable Grâce NFA**.

Merci à ma famille : **mes sœurs, mes frères, nos enfants, mon premier fils Harry** qui est mon inspiration, mais aussi à toi mon **second garçon Rav-Khelyss** : David pouvait dire que son âme s'était attachée à celle de Jonathan et quand je pense à toi, c'est ce verset que j'ai dans ma tête.

Merci à toute ma **famille de Dunamis**.

Avant-Propos

Ce livre s'inscrit dans un contexte d'évangélisation destinée aux personnes qui sont dans la maison de Dieu premièrement. L'église est un hôpital dont les malades s'ignorent très souvent.

On cherche à apporter la guérison aux autres ; alors que nous même nous souffrons intérieurement et cela nous pénalise.

Mais aussi à toute personne qui croit en Dieu ou pour celle qui voudrait connaitre Jésus tel qu'IL est.

Nous oublions souvent que les personnes (présentent dans nos églises) traversent des moments difficiles et qu'elles ont déjà eu envie de tout abandonner ; retourner à leur vie passée car pour certains être avec Dieu est vraiment difficile.

Chacun de nous a reçu du Seigneur quelque chose de bien spécifique pour aider les autres, mais souvent cela semble enfouie car l'ennemie, voyant ce que Dieu prépare ; vient nous oppresser pour nous faire quitter le bon chemin.

Dieu aussi, nous fait passer des épreuves et on a l'impression que ce sont des attaques du diable.

Tout est devenu « *attaque* » aujourd'hui, tout est devenu épreuves, souvent c'est juste un moyen pour Dieu de tester notre foi en Lui, mais aussi de voir sur qui ou sur quoi est bâti cette foi que nous brandissons haut et fort devant les autres.

A travers ce que j'ai vécue et que je vis chaque jour, je voudrais partager à certains ce que j'ai fait pour rester avec Jésus et à Lui ; même quand tout ne semblait plus être de mon côté.

Ce n'est pas facile, je te le concède, mais ce n'est pas impossible, car la Parole de Dieu, nous dit que nous ferons des exploits avec Christ mais aussi l'avantage que nous possédons et que les autres n'ont pas c'est Saint Esprit en nous, malheureusement ; nous l'appelons simplement quand nous estimons avoir besoin de Lui, alors qu'il est en Nous.

Pour cela, nous devons rester ferme, nous devons rester dans la course,

Même quand tu tombes, même quand tout semble perdu d'avance, que la vie parait impossible à continuer à tes yeux.

Que tout autour de toi ne ressemble pas à ce que Dieu a dit ; que rien n'est pas conforme à la vie que tu avais avant,

Rappelle-toi que Jésus a donné sa vie pour que tu puisses la vivre et faire plus que Lui.

Ne baisse pas les bras, relève-toi et avance champion(ne) !

Le chemin peut être tortueux, la course remplie d'embuches et d'obstacles, mais c'est ton parcours et tu dois aller jusqu'au bout car personne ne va courir cette course pour toi.

Saint Esprit t'aide dans cette course, mais IL ne va pas courir à ta place.

Il est mieux de commencer et de rencontrer ce genre d'obstacles, que de ne pas commencer et de rater une grâce qui est tienne.

Si tu avais déjà perdu ta motivation, si tu avais perdu de vue la vision, remets-la sur la table de ton cœur et tant que tu n'as pas vue son exaucement ne lâche pas.

Souvent nos attitudes font que les Hommes pensent que Dieu ment, alors que c'est nous qui avons décidé de nous relâcher ; sinon d'abandonner car la chose tarde.

Un Homme peut se dédire et te mentir, mais Dieu ; ne l'a pas encore fait jusqu'à ce jour.

Introduction

Psaumes 23 : « [5] Tu dresses devant moi une table, En face de mes adversaires ; Tu oins d'huile ma tête, Et ma coupe déborde. [6] Oui, le bonheur et la grâce m'accompagneront Tous les jours de ma vie, Et j'habiterai dans la maison de l'Éternel Jusqu'à la fin de mes jours. »

J'aurai voulu te donner une autre introduction,

Mais celle-ci sied à mon avis ;

Tout a commencé par ce verset que Papa m'a donné en ce début d'année.

Un verset qui aurait dû me faire dire : *Enfin, je vais obtenir vengeance, car Papa vient de le confirmer par mon verset de l'année,*

Mais non, ce qu'il veut de moi, c'est que je puisse m'appuyer sur ça, pour t'aider à te relever et à avancer.

La force qu'IL m'a donné, je viens te la donner également à travers mes mots.

Tu as le droit de ressentir des choses,

Tu as le droit d'éprouver de la fatigue,

Tu as tous les droits en ce qui te concerne,

Mais ce que je ne te conseille pas,

C'est d'abandonner, car tu penses que tout est compliqué,

Que tout est difficile.

Détrompe-toi, nous avons tous des challenges et peut être que les miens ont été plus éprouvant que les tiens.

Les challenges ne finissent pas, car tant que tu es en vie il y'en aura.

Mais ce que tu dois retenir, c'est que la vie ne s'arrête pas à ça,

Tu as le droit de te relever et d'avancer car c'est ce qui t'appartient.

C'est ta décision, la vie ne te fera pas de cadeau si tu estimes qu'au premier obstacle tu dois tout abandonner et de retourner dans la boue.

La grâce n'est pas une affaire de méritocratie mais tu dois être léger pour la saisir, sinon tu vas combattre tes grâces et rater la visitation de Dieu.

La charge de la vie est souvent plus lourde que notre propre masse corporelle et si tu dois mettre tout ça sur toi.

Tu ne pourras pas t'en sortir !

C'est normal que tu sois malade,

Que tu ais le cœur fragile ou encore les maux de ce siècle, que l'on qualifie aujourd'hui comme étant les maux liés à l'âge.

J'avais certains de ces maux ; notamment : l'hypertension, la spasmophilie, la dépression et je t'épargne les autres noms.

J'étais sujette à tout cela.

Mais en faisant la connaissant ou plutôt en laissant Jésus rentrer véritablement dans mon cœur et dans ma vie.

On n'a pas eu besoin de me conduire chez un docteur, car tout cela avait disparu.

Je t'invite à me suivre dans ces lignes.

A travers chaque partie de ce livre, pour comprendre l'essence même et la raison de ce dernier, mais surtout pourquoi tu ne dois pas abandonner.

Avoir de l'or entre ses mains et le garder est différent d'avoir de l'or entre ses mains et d'en jouir véritablement.

Chapitre 1 :

Une erreur dans mon parcours.

Dans ma marche, j'ai rencontré des épreuves difficiles et qui pouvaient pousser au suicide des personnes sensibles, (celle que je fus il y a quelques années).

Un jour, alors que j'étais vulnérable, une personne a profité de moi, me donnant un élément qui pouvait causer ma mort, car cet objet avait pour objectif de me vider de mon énergie spirituelle.

Au départ, cela marchait comme si ça me portait chance, et je croyais en la bonne volonté de la personne qui était celle de m'aider car c'est cette image qu'elle m'avait donnée dès le départ, ne doutant pas d'elle et lui accordant ma confiance, je tombais les pieds joint dans son piège.

Peu de temps après notre rencontre, on va dire six mois ; je commençais à avoir des malaises, surtout des maux de tête, je ne savais expliquer leurs origines et à cela s'ajoutait des rêves bizarres.

J'étais continuellement poursuivit par des serpents.

Je ne sais pas si vous pouvez imaginer une meute de serpents de tout ordre qui vous poursuivent, chacun avec son venin ; avec un seul objectif, vous attraper et vous avaler.

C'est un peu cela, que je subissais dans mes rêves chaque soir.

Au réveil, j'avais des sueurs froides et je me levais toujours en sursaut !

Je me disais que c'était normal car depuis des années, je voyais un serpent de plusieurs couleurs qui dormait autour de mon lit.

Je me disais que mes rêves ou visions d'enfance étaient certainement revenues mais d'une façon différente vu que j'avais grandis.

Je n'avais jamais fait le lien avec cet objet, car pour moi c'était juste une chose, que dis-je, plutôt un « cadeau » que j'avais reçu.

Cet homme m'appelait souvent et vue que je le considérais vraiment comme un grand frère, je lui faisais des cadeaux et même à sa famille car selon moi, une personne qui ne te connait pas et qui veuille t'aider, vient forcément de Dieu, sinon je ne vois pas qui pouvait l'envoyer dans ma vie.

Je n'avais jamais pensée le contraire car en moi il n'y avait pas ce type de pensées.

Je voulais juste voir le bien venant de lui et non autre chose.

Je lui avais fait confiance sans me demander ou questionner mon esprit pour savoir s'il y avait du mal en lui.

Mais je crois en réfléchissant très bien, que même si j'avais reçu les signes de qui il était, je n'aurais peut-être pas accepté de les voir, car je le portais déjà dans mon cœur comme un membre de ma famille.

L'erreur commise était simplement de croire que tout le monde ne peut pas porter de mauvaises intentions et que dans la vie, si tu as tellement souffert dans le passé, il n'y a que de bonnes choses qui pourraient t'arriver car même Dieu qui est au ciel voit déjà que tu as traversé trop d'épreuves et ne peut pas en rajouter. Sauf s'il veut te tuer lui-même.

Le monde spirituel m'était inconnu, je me baladais sans vraiment prendre conscience que chaque jour j'étais confronté à cela.

Je m'asseyais devant ses fétiches et je riais quand il me disait : que les fétiches m'aiment beaucoup et qu'ils sont contents de moi.

Et là, je me disais : même les fétiches m'apprécient, c'est que Dieu lui-même est d'accord avec ce que je fais et qu'il n'y a pas de problèmes à continuer à venir le voir et discuter avec lui.

J'allais lui rendre visite à chaque fois qu'il venait sur Dakar car c'était vraiment un grand frère pour moi et avec lui, je pouvais rire et raconter mon quotidien.

C'était la seule personne avec laquelle je pouvais rire ouvertement et ne pas penser à ce qui serait raconté sur moi ou l'interprétation qu'on allait faire de mes propos.

J'avais tellement connu de déboires concernant les relations amicales et fraternelles dans le passé.

Et, notre relation suivait son cours.

Pendant plusieurs mois, il ne vint pas dans la ville principale car il était en déplacement hors du pays.

Et là ; ma sœur me demanda de l'accompagner pour une visite car elle ne voulait pas y aller seule.

Je ne refusais pas, car j'avais l'habitude de l'accompagner pour ses diverses courses.

Une fois sur les lieux de notre rendez-vous.

Le cadeau que mon « frère » m'avait donné et que je gardais sur moi tout le temps reconnu son milieu et commençait à signaler.

La personne chez laquelle nous étions l'avait aussi détecté et elle commença à me poser plusieurs questions, se détournant de la discussion qu'elle avait avec ma sœur qui était venu le voir.

Apparemment c'était devenu dérangeant.

Au départ, je ne comprenais pas ce qu'il disait, car il parlait d'un objet que j'avais sur moi et qui avait été fait pour me tuer un jour et que je le gardais sans en connaitre la véritable contenance.

Et j'ai commencée à regarder autour de moi et je ne voyais pas du tout ce dont il pouvait parler.

Et là, ma sœur m'a demandée de bien réfléchir, car ça pouvait être une chose très simple qui était banale à mes yeux.

Dans mes souvenirs, je ne me rappelais pas lui avoir fait part de cela à qui que ce soit ; car mon frère m'avait dit de ne pas en parler à autour de moi, de peur de faire des jaloux.

Et c'est là que le souvenir du cadeau que mon « frère » m'avait remis ressurgit.

Et je me suis mise à expliquer ce que mon « frère » avait fait pour moi avec un large sourire,

Et dès que je le fis sortir, il dit : C'est cela !

Il me demanda si je pouvais lui faire confiance en le laissant chez lui, qu'il allait voir ce qui avait été mit à l'intérieur afin de comprendre pourquoi cela avait été fait contre moi, car lui-même ne comprenait pas comment « ses esprits » pouvaient lui dire que c'est pour ma mort, alors que je parlais bien de la relation que j'ai avec la personne qui me l'a donné.

Je ne perdais rien en réalité en lui confiant cela.

Pour moi c'était une simple vérification et il allait se rendre compte que « ses esprits » à lui se sont trompés.

Alors j'ai accepté et nous sommes partis.

Je ne connaissais pas le vrai nom de mon « frère », car il utilisait un nom d'emprunt (il me disait que son vrai nom était compliqué à prononcer), mais deux jours après, je suis retournée vers lui pour savoir ce qu'il avait trouvé.

Et là, le vrai nom de la personne était mentionné à l'intérieur, mon nom, mes cheveux, mes ongles ; des éléments que je ne reconnaissais pas lui avoir donnée car je suis constamment tressée et mes ongles étaient toujours longs à cette période, donc je me posais encore plus de questions car sincèrement j'étais embrouillée.

J'avais besoin de réponses pour ces choses que je ne comprenais pas forcement, car un cadeau ne peut pas détenir des éléments que toi-même tu n'as jamais livré à la personne qui te l'a offert.

Du coup, c'est comme s'il y avait un brouillard dans mon esprit, un flou immense qui ne disait pas son nom et que peut être je refusais moi-même de comprendre ou d'accepter,

Je fus troublée après toutes ces révélations car j'avais donnée ma confiance à cet homme qui aujourd'hui travaillait à ma destruction, sinon à ma mort, selon ce qui était entrain de m'être révélé.

Je sortais d'une période vraiment difficile de ma vie déjà et j'étais assez troublée.

En résumé : j'avais reçu un frère, je lui ai fait confiance et il voulait simplement me détruire.

C'est à cette période que je connue la définition du mot dépression, car je suis rentrée dans une, sans trop savoir de quoi il s'agissait au départ.

C'était assez inconcevable pour moi, mais je devais y faire face et prendre une décision car c'est ce qui s'imposait à moi à ce moment.

Il fallait détruire cette chose, ce cadeau et je devais donner mon accord.

Dans le monde spirituel, on doit avoir ton accord pour intervenir sur des choses qui te concernent directement, selon ce que le monsieur était entrain de m'expliquer.

Ce cadeau portait ma signature et mon accord autoriserait sa destruction.

Mais aussi je me demandais tout ce que ce monsieur avait déjà pu retirer de moi, car avant de tuer, cette chose devait me vider et là, j'ai commencé à sérieusement avoir peur.

Le monsieur chez qui nous étions allées était un autre marabout.

Moi qui étais simplement allée accompagner ma sœur, je me suis retrouvée à être l'abonnée de ce marabout.

Ce que je fis, c'était de simplement bloquer l'autre de mes contacts afin qu'il ne puisse plus me joindre.

Mais ce n'était pas ça la solution, c'est juste ce que moi je connaissais à cette période.

Et après plusieurs mois passé dans cette nouvelle routine ; la vie, reprit son cours.

Je continuais la marche sans trop me poser de questions sur ce qu'il était devenu.

Je me disais que si ce nouveau monsieur a pu voir cette chose, c'est qu'il est très fort, et que je peux lui faire confiance et essayer de voir ce qui m'a été retiré par l'autre et si par des sacrifices, je peux les récupérer, on va le faire.

Et là ; je devins une abonnée très présente dans la maison de cet homme car je marchais maintenant en fonction de ce que chacune de nos consultations occultes pouvait dire.

En fait, je lui avais donné la direction de ma vie.

Faisant des bains et portant des choses pour ma protection afin de me délivrer de ce que l'autre avait pu me faire.

J'ai été dans cette situation deux longues années.

Ne sachant pas, que lorsqu'on prend des choses chez toi, on peut aussi te transmettre de mauvais esprits et de mauvaises choses, ouvrir des portes et bien d'autres choses.

Pour moi, il avait juste récupéré des choses me concernant, mais je ne savais pas qu'il m'avait aussi donné de mauvaises choses, et là je veux parler des mauvais esprits.

Pour pouvoir te contrôler, il faudrait qu'il te mette sous son pouvoir en te dominant, alors c'est plus facile de jouer avec toi.

C'est ce que j'ignorais que ça soit pour mon frère ou pour lui.

Ce qui est bizarre,

En 2018 dans ce parcours, je fis un rêve dans lequel j'étais dans un mauvais lieu et après cela, je commençais à me sentir très mal quand j'allais chez lui.

J'essayais de me réconforter en me disant que peut être c'est moi qui ne parviens pas à lui faire totalement confiance après ce que j'avais subis avec l'autre et qu'en réalité je n'avais encore digéré ce qui s'était passé et qu'il me fallait certainement du temps pour que ce sentiment de manque de confiance disparaisse.

Malgré le temps et les efforts que je faisais, je me sentais mal et une chose en moi me disait avec insistance que je n'étais pas à la bonne place, mais je n'y prêtais pas attention.

Je réalisais qu'il y avait des choses que je ne comprenais pas forcement et que les réponses n'étaient pas avec ce monsieur, mais que je devais les chercher ailleurs.

Mais où ? car pour moi il était la réponse de Dieu à la délivrance de l'autre qui voulait me tuer,

Mais si je ne me sentais plus en paix avec lui, c'est qu'il y avait un problème.

Il ne m'avait rien fait, mais je commençais à me sentir mal.

J'étais gêné et je ne savais pas ce qui me dérangeant en réalité.

Quand je me retrouvais dans cet état de mal être, j'allais me réfugier dans la musique (un mix de louange, adoration et du zouk), histoire de calmer mon esprit pour mieux réfléchir.

Un matin, en arrivant à mon lieu travail, j'ouvris un moteur de recherche et je commençais par regarder des vidéos de musiques que j'affectionnais et comme j'avais activé la flèche qui devait envoyer la prochaine vidéo, je me retrouvais sur une vidéo de J.M.

En réalité, je n'avais jamais écouté cette dame et c'est là que je l'ai connue.

Sa vidéo n'avait faite que deux minutes, mais avait suffit pour envoyer la paix au-dedans de moi.

Il faut dire que depuis que je faisais ces rêves, j'étais très troublée.

J'avais peur de dormir la nuit,

Il m'arrivait de rentrer chez moi, de boire pour oublier mes soucis et de m'en dormir ainsi car je n'avais plus le sommeil naturel, ou encore ; je prenais les somnifères dans l'espoir que je puisse y arriver.

Mais il y a des choses que mêmes les somnifères ne peuvent pas régler.

Dans la vidéo ; la dame parlait d'une personne qui m'aime plus que moi-même et qui me connait mieux que tout le monde.

Et je suis allée m'abonner à sa page et ce jour j'ai écouté tellement de vidéo et ensuite je me suis inscrite pour recevoir des mails chaque matin (des paroles encourageantes).

C'est à ce moment-là que, j'ai commencé à apprécier la personne de Jésus, sinon à commencer à le voir d'une façon différente, mais sans plus en réalité.

Ses paroles me faisaient du bien, mais ne créaient pas autre chose en moi.

C'était déjà un bon début car je ne savais pas ce qui allait se passer dans ma vie.

Si je ne la lisais pas ou si je n'écoutais pas ses vidéos chaque matin, c'est comme si ma journée depuis ma rencontre avec elle était incomplète.

C'était ma nouvelle routine, mais j'apprécias celle-ci car elle me procurait de la force et non un sentiment de culpabilité ou d'apitoiement.

J'avais besoin de constamment écouter la Parole de Dieu et de savoir que Jésus m'aimait et qu'il savait ce par quoi je passais.

19

Cinq ans avec Jésus : Puis-je y arriver ?

J'avais besoin de constamment écouter la Parole de Dieu et de savoir que Jésus m'aimait et qu'il savait ce par quoi je passais.

Chapitre 2 :

La rencontre qui a changé ma vie.

Le temps passait et chaque jour semblait différent de l'autre, mais je commençais à avoir une assurance en moi que je ne possédais pas avant tout ça.

Et je me rappelle qu'un jour, alors que je visionnais une de ses vidéos, j'ai demandé une chose dans mon cœur : *Celle de voir Jésus car j'étais fatiguée de souffrir et d'aller d'échec en échec sans avoir un temps de répit.*

C'est cette même année qu'une vidéo de mon Père dans la foi, me fut envoyé par mon beau-frère.

C'est cette même année que je commençais vraiment à m'intéresser à Jésus, à chercher à mieux le connaitre et comprendre sa Parole car jusqu'à présent je crois que je ne l'avais jamais vue ainsi ou encore regardé de la sorte.

C'est cette année que dans mon cœur, l'envie d'aller à l'église revint, mais la force n'était pas encore présente.

J'attendais certainement un élément déclencheur mais je ne le trouvais pas en moi,

J'aimais procrastiner et je me disais souvent que je ferais mieux demain.

Du coup je disais : si aujourd'hui l'envie d'aller dans la maison de Dieu n'est pas là, c'est que ce n'est pas le temps.

Je priorisais certaines choses, comme les balades, le sommeil, les escapades gourmandes et amoureuses, mais le désir ou l'envie d'aller à l'église n'était plus venu en moi depuis que j'avais décidé de quitter l'église à cause d'une chose que je ne retrouvais pas et que moi-même je ne pouvais pas expliquer à cette période.

Je trouvais toujours des excuses à mes actions, en me disant que Dieu comprenait tout, et que ça aussi il le comprenait parfaitement et que le jour où il se déciderait, c'est que ce serait le temps, il mettra le désir en moi et j'irai dans sa maison naturellement.

Mais un jour, comme il y'en a toujours un,

Je regardais le culte de mon père dans la foi un dimanche matin à 7h, ce jour ne ressemblait pas aux autres, mon cœur était tellement lourd, et le poids de ma vie, sinon le film a défilé devant moi en quelques minutes, et là je me suis demandé ce que je devais faire.

Mais cette fois, mon questionnement était différent des autres jours.

C'est comme si j'étais au carrefour de ma vie et prendre une décision s'imposait.

Je devais prendre cette décision, mais laquelle ?

C'est comme si une personne était devant moi et elle attendait que je lui dise ce que j'avais décidé, mais moi-même je ne savais pas ce que je devais décider ou dire.

Tout ceci se déroulait durant la prédication de mon papa.

Et j'ai seulement dit ceci : ***Je suis fatiguée de tourner en rond et de ne pas avancer dans la vie, je ne comprends rien et je suis à bout car je n'ai plus de force, je ne sais pas comment faire, aides moi s'il te plait si tu m'entends car je suis seule et je n'ai personne à qui parler ou qui peut m'aider. Mais je sens que tu es à côté de moi et que tu m'entends.***

Ce jour, j'ai pleuré pendant cinq minutes je crois, mais c'est comme si j'avais pleuré toutes les larmes de mon corps, cette même quantité que je versais depuis des années chaque soir.

Passé ce temps, j'ai senti une charge me quitter, je devins légère pour la première fois, comme si j'étais sur un nuage.

Je ne m'étais jamais sentie ainsi,

J'étais tellement légère que je n'ai pas eu besoin d'essuyer les larmes, elles avaient déjà quitté mon visage.

Qui les avait essuyés, je ne sais pas, mais une main avait pris le temps de tout éponger.

Ce qui est étrange, c'est qu'après avoir pleuré il y a des marques sur ton visage, comme les yeux rouges ou autres choses, mais mon visage était tout rayonnant en réalité.

J'ai compris que quelque chose de particulier s'était passé.

A la fin du culte (en ligne), c'est là que mon papa a annoncé, qu'il y avait une église dans ma ville.

C'est ce jour, que l'envie d'aller à l'église à commencer à bouillir en moi.

Mais ce que j'avais oublié, c'est que la procrastination aussi devait me jouer un tour.

Les choses que je gardais comme des trésors dans ma vie, revenaient devant moi maintenant comme des obstacles à mon avancement.

Je ne comprenais pas trop.

Ce fut une véritable bataille entre le fait de remettre mon départ à l'église et mon organisation à la maison que je devais changer.

Je me disais que je devais d'abord mettre de l'ordre dans tout, dans ma vie, dans tout ce qui était bizarre en ce qui me concerne avant d'aller chez Jésus car IL est Saint et moi ; je ne pouvais pas dire que m'approcherais de lui dans cet état.

C'est un peu la réflexion que nous avons tous la première fois qu'on nous invite à l'église, je commençais à me juger moi-même.

Sur dix personnes ; huit se disent qu'elles sont très sales et que leur vie est désordonnée et que Jésus ne peut pas venir et trouver tout cela.

Je comptais sur moi, sur ma force pour faire un tri sélectif

 dans ma vie car Jésus avait déjà trop de choses à gérer et IL ne pouvait pas s'occuper de ce genre de choses, selon moi.

Nous ignorons à ce moment que Jésus n'a pas besoin de connaitre l'état des lieux avant de venir, IL vient et c'est lui qui range les lieux.

Et dès que sa présence est dans notre vie, les choses avec lesquelles nous luttions commencent à s'en aller car elles ne peuvent plus cohabiter avec nous à cause de la présence de Dieu qui est là.

Chapitre 3 :

La décision de passer par les eaux du baptême

Quand je me suis retrouvé physiquement à l'église, j'avais quitté ma maison ce dimanche matin avec toute la détermination que je pouvais avoir.

Cette même détermination que j'avais eu le jour ou la charge de ce qui me pesait m'avait laissé.

Je ne sais pour toi, mais moi quand je suis venue à Jésus, j'avais déjà pris certaines décisions avant car je ne voulais plus que quelque chose m'arrête.

Le diable avait trop joué avec moi ; j'avais assez tourné en rond, ma vie était comme son terrain de foot et il s'amusait quand il le voulait.

Je ne pouvais plus le laisser faire cela.

J'avais dit que je n'allais pas me laisser arrêter par quoi que ce soit,

C'était sans compter sur mes défauts et les choses que je gardais comme des trésors.

Mais ce que je ne savais pas, c'est que Saint Esprit était plus fort que tout cela.

Celui qui m'observait depuis des années et qui me parlait sans que je ne comprenne souvent.

Celui qui mettait en moi le sentiment de mal être quand j'étais dans des lieux bizarres ou quand je voulais emprunter des voies qui n'étaient pas les bonnes.

En sortant de chez moi et durant toute la semaine déjà, je me disais qu'une fois à l'église, je donne ma vie à Jésus et je vais suivre le chemin qui est normal, et pour une fois je vais laisser la timidité et la peur loin de moi.

C'était le reconnaitre et l'accepter comme Seigneur et Sauveur, mais aussi me faire baptiser.

Toutes ces choses étaient déjà claires dans mon esprit, ce qui me manquait juste c'était le courage, car j'étais une vraie peureuse /honteuse au départ.

Je pouvais prendre la décision, mais pour passer à l'acte, l'hésitation prenait souvent le dessus.

J'avais déjà toute la volonté, mais je craignais toujours ce que les autres pourraient dire, surtout que je devais me retrouver devant des personnes que je ne connaissais pas et qui selon moi allaient me juger, un peu ce que les autres faisaient tout le temps quand ils étaient en face d'une nouvelle personne.

J'étais timide et je me disais que c'était normal, car une personne doit être ainsi,

Et dans mon milieu, ça ne dérangeait personne.

Ce que je ne savais pas, c'est que ces sentiments n'étaient pas de Dieu, mais plutôt des choses qui voulaient me décourager de ma direction, du but que Dieu avait pour moi.

Alors, en dépit de tout, Saint Esprit a été astucieux et j'ai pu faire ce qui m'avait conduit dans la maison de Dieu ce jour.

Après avoir reçu Jésus, je devais maintenant me faire baptiser selon le modèle de Jésus. Procéder au baptême par immersion.

Une chose que je n'acceptais pas totalement au début, car j'avais déjà suivi des cours dans une église avant et j'avais reçu mes sacrements.

La décision était en moi, mais les raisonnements remontaient à la surface et là, je me suis demandée ce qui se passait. Ma tête disait une chose et mon esprit disait une autre, j'étais dans un conflit intérieur.

Si j'ai déjà pris ma décision, pourquoi les choses contraires voulaient venir me bloquer,

Mais je disais (intérieurement et en proclamant) simplement à Jésus : *que je lui faisais confiance et si c'est la voie à suivre, alors je vais l'emprunter sans laisser ce qui veut me décourager prendre le dessus. Je vais essayer d'être forte, mais qu'IL m'aide car en moi il n'y a pas trop de force.*

Et je suis allée suivre mes cours de baptême vu que je m'étais faite inscrire.

Lors du premier cours, j'ai rencontré plusieurs personnes qui, je ne savais pas dans un futur très proche, allaient devenir mes sœurs et que nous allions être une véritable famille.

Ce que je n'avais pas dans ce pays, j'avais eu des connaissances, des amies, mais une vraie famille pas encore.

Tout ce que Dieu fait est bon, cette phrase revenait avec insistance dans ma tête.

Et nous allâmes jusqu'au baptême, être plongées dans les eaux.

Nous avons reçu les fondements durant cette formation mais aussi la symbolique de tout cela.

Nous avions des décisions personnelles à prendre pour notre propre bien.

Moi je ne savais pas, que dans la marche avec Dieu ma décision comptait,

Moi je voyais Dieu comme un patron ou plutôt un dictateur ; c'est lui qui décide et c'est moi qui dois exécuter sans dire un mot.

Je n'avais jamais vue Dieu comme un Papa, pour moi IL était tout sauf ça.

D'abord pour commencer, je ne le savais pas, personne ne m'avait dit avant ce jour que Dieu était mon Père.

Et quand on me l'a dit, j'ai vue ça d'un œil bizarre.

Car je n'avais pas de relation avec mon père biologique, il était juste mon géniteur sans plus.

Il nous avait abandonné !

On pouvait se croiser dans la rue, il nous disait juste bonjour, je ne me considérais pas comme son enfant car notre père passait son temps à nous humilier. Les autres avaient des pères, mais nous n'en avions pas, nous avions juste un géniteur.

Je portais juste son nom et j'avais juste son sang.

Mais pas de relation, je ne pouvais m'arrêter devant les autres quand ils discutaient des familles équilibrées qu'ils avaient, quand ils parlaient des sorties avec leurs pères ; moi je ne connaissais pas ça.

Je n'avais pas le modèle d'une famille correcte, ou encore d'une famille ayant un père.

C'est là que je me suis demandée : si Dieu est mon Papa, c'est qu'il va faire la même chose que mon père biologique.

Je me suis posée cette question : ***Est-ce que j'ai envie de subir l'absence d'un père à nouveau car j'ai déjà trop souffert de ça ?***

Je me suis forgée un caractère, j'étais toujours sur la défensive avec les gens et je cherchais toujours le réconfort dans les gens qui avaient l'âge de mon père biologique (en termes de relation) car cette absence de lui dans ma vie avait engendré tout cela.

J'étais déséquilibré émotionnellement parlant.

Et si Dieu venait encore pour ajouter son grain de sel, c'est un film dans lequel je ne voulais pas être présente et que je ne souhaitais même pas visionner gratuitement.

Mon père est vivant, mais il agit comme s'il ne l'est pas.

Nos relations étaient conflictuelles pendant des années jusqu'en 2021, alors là ; le tableau commençait à devenir très sombre.

Si je dois voir Dieu ainsi ça va être très compliqué.

Et là ; le combat dans mes pensées sur ce sujet a commencé.

Du genre, j'avais des pensées qui me disaient : retournes où tu étais, car ton affaire de Dieu là, c'est pour pleurer encore et être déçu.

C'est quelle affaire que Dieu est devenu un Papa, depuis que tu es née tu as entendu ça où ?

Mais grâce soit rendue à Jésus Christ, qui par Saint Esprit à su me préserver et me retenir,

Car je devais partir sans me retourner.

Les pensées étaient devenues tellement lourdes pour ma tête que je voulais craquer, mais j'allais à l'église et je parlais avec certaines personnes. Cet aspect je n'osais pas l'évoquer pour qu'on ne se moque pas de moi.

J'avais subi durant toute ma jeunesse de l'absence d'un père, et si ça devait recommencer avec celui que je vois déjà comme un dictateur, un maitre, c'est tout simplement impossible à accepter.

Ça va être très compliqué, c'est ce que je ne cessais de me dire en moi.

Faire demi-tour est mieux qu'avancer car je ne suis pas encore loin. Personne ne s'est attaché à moi et moi aussi personne n'est mon parent dans ce lieu, donc il est mieux de s'arrêter là que d'aller plus loin.

Se faire mal n'était pas mon objectif.

Et là, je pouvais entendre cette voix douce qui m'apportait toujours la paix.

Elle me disait : *Fais-moi confiance et ne t'inquiète pas, je suis avec toi, ne promène pas un regard inquiet.*

Si je ne l'entendais pas, j'allais tout abandonner avant le départ.

C'est Saint Esprit et la voix de mon père spirituel qui étaient là pour m'orienter quand les questions montaient et que tout semblait différent devant moi.

Au départ, je ne savais pas reconnaitre la voix de Saint Esprit car je ne la connaissais !

Suivre Jésus, est une décision que j'avais prise, mais je ne savais pas quelle était le contenu de ce cadeau que j'avais reçu.

Ce que je savais au départ, c'est que ça n'avait rien à avoir avec le cadeau qui avait voulu me tuer.

Mais c'est plutôt lui qui était mort pour moi et la vie était le plus beau cadeau que je pouvais recevoir de lui, selon les enseignements que je recevais. Mais cela n'était pas encore totalement établi en moi.

Peu de temps après, je suis passée par les eaux du baptême et les questions que je me posais ; les films que je jouais dans ma tête, tous les scénarios que j'avais dans mon esprit, s'étaient éteint en un seul claquement de doigts.

Je retrouvais la paix au-dedans de moi.

Et là, moi-même j'ai voulu me mettre dans les problèmes.

La Bible dit qu'après son baptême, Jésus fut conduit dans le désert ou il fut tenté (**Luc 4 :1-2**), donc moi aussi, j'ai créé mon propre désert, soutenu par un vrai jeûne dans lequel je voulais rentrer sans comprendre dans quoi j'allais m'enfoncer.

Pour moi, tout cela semblait très spirituel, car je devais marcher comme Jésus, mais je n'avais pas encore discerné ce qui était en face de moi.

Et le premier jour du désert, tomba un mercredi.

Ce jour, nous avions culte en soirée.

Et comme j'arrivais tôt à l'église,

Je suis allée voir mon papa pour lui dire bonsoir et échanger un peu avec lui.

Et en prenant de mes nouvelles, la question de mon désert est sortie.

En fait, l'objet de mon désert c'était de voir Jésus physiquement.

Quand je lui ai dit cela, il m'a juste dit : Ma fille, ouvres ta Bible dans **Jean 14** et lis à haute voix s'il te plait.

« [8] Philippe lui dit : Seigneur, montre-nous le Père, et cela nous suffit.

[9] Jésus lui dit : Il y a si longtemps que je suis avec vous, et tu ne m'as pas connu, Philippe ! Celui qui m'a vu a vu le Père ; comment dis-tu : Montre-nous le Père ?

[10] Ne crois-tu pas que je suis dans le Père, et que le Père est en moi ? Les paroles que je vous dis, je ne les dis pas de moi-même ; et le Père qui demeure en moi, c'est lui qui fait les œuvres.

[11] Croyez-moi, je suis dans le Père, et le Père est en moi ; croyez du moins à cause de ces œuvres.

[12] En vérité, en vérité, je vous le dis, celui qui croit en moi fera aussi les œuvres que je fais, et il en fera de plus grandes, parce que je m'en vais au Père ;

[13] et tout ce que vous demanderez en mon nom, je le ferai, afin que le Père soit glorifié dans le Fils. »

Ce que je fis et grande fut ma surprise quand je parcourais le chapitre.

Moi-même j'étais étonnée de lire ce qui était écrit.

En fait, je ne connaissais la Parole de Dieu.

Je voulais me créer un désert inutile, qui n'aurait pas eu de fin, car Je cherchais Jésus qui est déjà en moi.

Et si je n'avais pas eu cet échange avec mon papa, je serais entrain de jeûner pour voir Jésus.

La Parole est claire, mais n'ayant pas sa connaissance, je voulais me mettre inutilement dans un trou.

Je crois que ce dont j'avais besoin avant tout, c'était de connaitre la Parole de Dieu, d'être nourris par elle.

Moi, je voulais courir sans aucune base en réalité, et si j'avais persévéré dans cette voie,

Je me serais simplement perdue et j'aurai gaspillé du temps inutilement.

Ce n'était pas le plan que Papa Dieu avait pour moi au départ.

Un bébé quand il nait, il est nourri au lait pour sa propre croissance et quand il est stable, on peut lui donner des aliments plus costauds pour son organisme.

J'étais un bébé qui voulait sauter les étapes.

La vie spirituelle ne commence pas par le combat et moi, c'est par ce que je voulais commencer car je n'avais pas une bonne connaissance de ce que c'était et comme on regardait un peu trop la télé, je pensais que c'était tout ce que je voyais là-bas qui était la vie spirituelle.

Papa avait besoin que je puisse d'abord le connaître, avoir une intimité avec lui et comprendre les valeurs du Royaume avant toute chose.

Mais tout ça, je ne le savais pas.

Ce n'est pas que Saint Esprit ne me le disait pas, mais je me disais que j'étais en retard et que j'aurai dû connaitre Jésus depuis longtemps et que là, je devais rattraper le temps d'absence.

Oubliant que Dieu n'est jamais en retard et qu'IL n'est jamais pressé.

Tout ce qu'il fait est bon, IL le fait au bon moment et IL le fait pour notre propre bien.

Chapitre 4 :

Les manifestations des dons du Saint Esprit

Quand nous recevons Saint Esprit, nous recevons ses dons et sa Personne.

Mais pour plusieurs ils restent encore inactifs car le plus visible ou celui que les gens attendent en premier ; c'est le « parler en langues ».

Selon eux, c'est forcément ce qui montre que tu as reçu les dons de Saint Esprit, ce qui n'est pas vrai.

En recevant les dons à travers la Personne de Saint Esprit, je ne considérais pas les autres qui étaient déjà présents car pour moi, c'est celui qui devait se faire voir.

C'est ce que les autres attendaient également.

Ne l'ayant pas encore manifesté, je me disais que je n'avais rien reçu et que le Seigneur m'avait négligé.

Qu'il avait donné aux autres mais à me concernant, on dirait qu'il ne m'aimait pas assez et qu'il avait oublié quand IL avait visité les autres.

Première frustration !

Je ne connaissais pas encore qu'il existait autre chose, j'étais ignorante en ce qui concerne les dons.

Pourtant, j'avais déjà manifesté la Parole de Connaissance, la Parole de Sagesse et le don de guérison, mais je ne pouvais pas m'en rendre compte.

Etant donné que les autres me disaient toujours que tu dois parler en langues et c'est là qu'on reconnait que tu as reçu le baptême de Saint Esprit.

Ne parlant pas en langue, je ne pouvais pas apprécier les autres dons que j'avais déjà reçu.

Je me considérais comme une personne née de nouveau mais incomplète.

Chemin faisant, une situation pouvait venir devant moi, le Seigneur me permettait d'avoir sa connaissance afin de dire ce qu'il faut.

Mais malgré cela, rien n'était correct pour moi.

Je me souvenais que le jour où ; j'ai été plongé dans les eaux du baptême, j'avais commencé à murmurer quelques mots que j'entendais au-dedans de moi, mais j'ai eu honte de les faire sortir.

Ce qui faisait, qu'à chaque fois que ces mots venaient, je me disais que je répétais juste les mots des autres ou les paroles d'une chanson que j'avais déjà entendue.

Donc, je me retenais et je ne disais rien.

J'avais oublié ce détail pendant des mois, je ne m'en souvenais plus.

C'est comme si, ce que les autres attendaient de moi ; avaient créé un blocage sur moi et aussi avait mis un voile qui ne me permettait pas de voir ce qui était déjà présent.

Le temps est passé, mais je négligeais toujours les autres dons qui ne cessaient de s'aiguiser.

Deux mois après mon baptême ; en rentrant d'une veillée de prière, je demandais à une de mes sœurs qui savait que je soupirais après le parler en langues un livre qu'elle lisait pour ceux qui veulent parler en langue.

Au début du livre, le Monsieur qui l'avait écrit demandait de prier ou d'aspirer vraiment après cela, et quand cela a été fait, je devais rester calme et répéter ce que je devais entendre en moi et le répéter simplement sans discuter ou vouloir comprendre ce que cela signifiait.

Sachant que je ne répétais pas souvent ce que j'entendais, je me suis parlé à moi-même ; que cette fois ci, si j'entendais une chose, je devais tout répéter.

Après cela, vue qu'on avait été à l'église toute la nuit pour une veillée de prière, je me couchais pour me reposer.

A mon réveil, je me suis rappelée automatiquement de mon linge que j'avais installée la veille avant de partir pour l'église.

Puis je suis allée au niveau de la terrasse l'enlever.

J'étais mi-endormie, mi-éveillée, c'est comme si j'étais poussée dans tout ce que je faisais. Même mes pas, je ne les contrôlais pas.

Une fois tout le linge retiré, je me dirigeais vers les escaliers pour rejoindre ma maison.

Et là, c'est comme une boule de feu qui quittait mon ventre pour ma gorge, je n'arrivais pas cette fois ci à la retenir et j'explosais les secondes qui suivirent cette sensation.

Je parlais en langues, waouh !

Je ne pouvais plus parler en français pendant un long moment.

Je voulais me réjouir dans la langue que je connaissais, mais je n'arrivais pas à basculer.

C'est comme si, j'avais fait le rattrapage de tout ce temps où je soupirais, je ne cessais de parler et dans différentes langues.

Je ne comprenais aucune chose dite, mais je sais que je parlais et qu'il y avait des personnes qui me répondaient.

Je ne cherchais pas trop à comprendre, en tout cas je parlais et c'était le plus important.

Je voulais m'arrêter car je voulais sauter de joie, mais je n'arrivais pas.

Quand je voulais arrêter, c'était une autre langue qui sortait.

Moi-même je ne comprenais plus rien ! J'étais dans un débordement de langues.

Comme ça ne s'arrêtait pas, j'ai continué à faire mes travaux de la maison, et je suis même allée à la douche.

Pendant plus de quatre heures, je parlais seulement.

Peu de temps après, je suis retournée m'asseoir sur ma natte au salon, et j'ai entendue Saint Esprit me dire : C'est fini !

Et après avoir entendue cela, ça s'est arrêté et j'ai pu parler en français.

Et ma sœur qui était rentrée pendant que cela m'était arrivé, m'observait sans rien dire, car elle-même ne savait pas s'il fallait m'aider ou autre chose, vue que c'était ma première expérience de parler en langues mais aussi sa première fois de me voir parler dans ces différentes langues.

J'étais en joie, car maintenant je me disais que j'étais baptisé du Saint Esprit.

Dieu merci pour moi, que je n'avais pas rejetée les autres dons car ils auraient pu s'éteindre à cause de ma négligence envers eux.

Saint Esprit ouvrit mes yeux et je me suis repentie à la minute même pour toute cette négligence dont j'avais fait preuve envers les dons qu'IL m'avait accordé.

Et c'est à ce moment que j'ai commencé à les considérer et à me rendre compte que j'avais reçu d'autres dons bien avant la manifestation du parler en langues pour la première fois.

Ne fais pas comme moi s'il te plait !

Moi j'étais ignorante des dons et je ne connaissais pas tout cela.

J'ai appris cela avec le temps et par la grâce de Dieu.

Par les enseignements et le soupir profond de manifester cela moi aussi.

Quand je voyais une personne qui manifestait un don sous une forme, j'aspirais à cela.

Je me disais que ; si j'ai Saint Esprit en moi, c'est que j'ai tout le package, donc tous les dons. Juste qu'ils sont inactifs et que je dois chercher comment les activer afin de pouvoir véritablement en jouir.

Et c'est comme ça que je faisais pour que mes dons s'aiguisent.

Je demandais à Saint Esprit ses dons chaque jour, du moins je voulais aussi les expérimenter. Pas pour faire voir que j'en avais, non ! Mais pour aider les autres car justement les donc nous sont donnés pour l'utilité commune.

1 corinthiens 12 :7 « Or, à chacun la manifestation de l'Esprit est donnée pour l'utilité commune ».

Les enseignements de mes pères aussi ont participés à ma construction, car il est beau d'avoir un don.

Mais comment il se manifeste et surtout comment en faire usage avec sagesse est très important.

Aujourd'hui, nous manquons de sagesse dans l'usage de nos dons.

Ce n'est pas parce que nous avons reçu un don, que nous devons dire tout ce qui nous passe par la tête ou agir comme bon nous semble.

Les dons doivent être encadrés par la sagesse et cela évite qu'on détruise les autres, qu'on parle trop ou qu'on se fasse du mal à soi-même.

Le mauvais usage des dons, à détruit plusieurs personnes, j'ai failli être une victime.

A chasser plusieurs personnes de la maison de Dieu.

Nous voyons une chose sur une personne et nous sommes automatiquement tenté de le dire parce que nous pensons que parler est notre mission première.

Non, quand tu reçois une chose ou que le Seigneur te donne une information sur une personne.

Demande-lui, la sagesse qui va avec.

Souvent tu dois juste prier et non parler.

Mais l'envie de dire : que moi aussi je vois ou j'ai vue ce qu'il y a dans ta vie prend le dessus et nous commettons des erreurs.

Moi-même, j'ai eu peur des dons au départ car je ne savais pas si au moment ou j'allais les avoir, j'allais bien les utiliser.

Ce que je faisais, c'est que j'observais et je demandais toujours la sagesse.

Mais j'avais un problème en moi : le manque de patience !

Je n'étais pas du tout patiente, j'étais toujours pressé, ce qui fait que si je recevais une chose, je voulais la voir exécuté automatiquement dans la vie de la personne concerné.

Dieu n'est pas un magicien ou une télécommande qui exécute directement les choses.

Il y a un temps entre la vision et l'exécution.

Peut être qu'il y a d'abord un caractère à travailler, une attitude à changer, un raisonnement à balayer.

Je manquais totalement de discernement et cela m'a souvent conduite dans des situations délicates.

J'ai été arnaqué, j'ai été trahis, j'ai été déçu tout cela parce que je manquais de discernement.

Même avec les dons, je cherchais toujours mon plan B : *Si Dieu n'agit pas vite, voilà comment je peux faire pour aider les autres.*

Je voulais agir à sa place alors qu'IL me testait sur ma patience.

Et j'ai longtemps raté ce test.

Mais un jour, en voyant les choses se répéter, j'ai décidé d'attendre jusqu'à ce que lui-même décide d'agir car IL peut tout faire.

J'avais décidé de m'abandonner totalement à lui et de lui faire confiance comme il me l'avait toujours dit.

Il avait créé une situation qui m'avait conduite à me dire : *si ce n'est pas Dieu lui-même qui agit, je ne sais pas comment on va faire ici pour s'en sortir.*

C'est ce jour, que j'ai retenue que moi je ne suis qu'un instrument et c'est lui qui doit agir comme bon lui semble et non moi qui agis.

Chapitre 5 :

La communion fraternelle est une force

Être avec les autres a changé ma façon de faire et surtout m'a permis de laisser ce que je pensais être normale, les limitations et les restrictions que je brandissais comme étant des gardes fous.

A l'époque quand je me retrouvais seule et que je rencontrais des situations compliquées, je pleurais, je buvais et je m'apitoyais sur ma vie car pour moi tout était compliqué.

J'avais toujours de mauvaises pensées et même celles de suicide quand rien ne se passait comme je le pensais.

Le diable ne m'a pas fait de cadeaux, il a tellement joué avec mes pensées et la seule chose que je voulais à chaque fois c'était de disparaitre.

L'une des raisons pour lesquelles je restais ou je résistais encore à cette époque, c'était à cause de mon fils, je me disais qu'il allait être sans maman si je venais à partir si tôt alors qu'on ne vivait pas ensemble.

C'était très pénible pour moi, mais c'était un sacrifice à faire à ce moment précis.

Je regardais des films pornographiques pour me distraire et j'étais toujours dans des discussions avec des hommes.

Ces hommes ne parlaient que de sexe et de choses grossières mais à cette période, ça ne me dérangeait pas.

Une fois devenue chrétienne, les choses ont commencé à se passer différemment.

J'ai éprouvé du dégout pour ces personnes et ces sites sur lesquels je me connectais tout le temps.

J'ai commencé à m'éloigner des gens car je ne me retrouvais plus en eux.

Il y a une chose qui avait changé en moi et rien que voir certains messages m'énervait.

Pour ne pas être désagréable envers eux, j'ai simplement décidé de les bloquer.

En réalité, je ne perdais rien du tout.

Le Seigneur m'avait déjà préparé une famille dans laquelle j'étais mais je ne m'en rendais pas compte.

C'est être avec ces personnes chaque jour qui a créé des liens et m'a détaché de ce qui me fatiguait sans que personne ne sache.

Souvent nous sommes devant les gens, mais nous souffrons véritablement intérieurement.

C'était mon cas, je ne pouvais le dire par honte, par jugement.

J'ai appris grâce à cette période de ma vie à ne pas regarder une personne qui vient à l'église avec un visage bizarre comme une personne qui ne vous considère pas, mais plutôt qu'elle essaye de dire une chose, mais a peur du jugement des autres.

Elle essaye de trouver des solutions par elle-même.

J'ai appris à reconnaitre une personne dépressive car moi-même je suis passée par cela et j'ai même récidivé dans cela.

Ce n'est pas parce qu'une personne à son plus beau parfum, qu'elle va bien.

On essaye souvent de masquer ce qui ne va pas par les artifices ; on se donne : **la vie du paraitre** alors que nous souffrons véritablement.

La communion fraternelle a été ma plus grande force pour quitter ces choses qui me dérangeaient véritablement.

Je remercie le Seigneur pour ces personnes.

Il m'a donné plusieurs sœurs et la majeure partie était jeune, et je devais les encadrer,

Mais pour cela, il fallait que moi-même je sois bien en moi et que j'ai une véritable intimité avec Saint Esprit.

Je n'étais pas leur ainé dans la foi, mais elles me regardaient comme un exemple et je devais avoir une vie correcte car je ne pouvais pas leur transmettre de mauvaises choses pour ne pas les détruire alors que nous étions toutes au début de notre marche avec Christ.

Alors sans qu'on ne me prêche là-dessus, moi-même j'ai décidé de laisser ces choses et de me concentrer sur ma croissance avec Saint Esprit et d'approfondir ma connaissance de lui.

Chapitre 6 :

La Raison de ce Livre

Pourquoi cet autre livre ?

Une personne à envie de me poser cette question,

La raison est très simple : c'est **Rimchaw** qui me le demande, ou encore Saint Esprit comme tu l'appelles.

Il a remarqué que beaucoup deviennent chrétiens, sinon acceptent Jésus mais se perdent vite en chemin, car certains devanciers nous encouragent juste au début et nous lâchent et pour ceux qui ne sont pas encore bien affermis quand le vent vient à souffler, ils quittent la barque car l'inquiétude nous saisit et nous ne savons pas comment avancer ou vers qui nous tourner mais encore plusieurs nous encouragent à quitter cette voie.

On se met à comparer notre vie avant Jésus ; qui était selon nous bien et sans problème et l'envie de retourner rapidement est la première chose qui nous vienne en tête.

C'est vrai, Saint Esprit est là ; mais certains ont besoin d'exemples concrets et palpables de ceux qui ont vécus les mêmes choses qu'eux et surtout comment ils ont réussi à s'en sortir et à rester fidèle à Dieu malgré tout ce qu'il y a autour (les amis qui nous découragent, les parents qui ne nous ne reçoivent plus car nous avons certainement fait le mauvais choix selon eux… et j'en passe).

Après cinq ans, je ne peux pas dire que je suis arrivée car le chemin est encore long,

J'ai voulu tout abandonner car c'était très chaud,

J'ai failli me suicider quand j'ai connu la dépression,

J'ai voulu tout lâcher,

J'ai crié à Dieu, mais c'est comme s'il était sourd et s'il m'entendait, il ne voulait pas me répondre ;

Je ne savais pas si c'est ma voix qui n'était pas assez forte, si ce sont mes larmes qui n'étaient pas assez chaudes, sincèrement ce sont des questions que je me posais.

Je ne savais pas vers qui me tourner.

C'est vrai, il y avait des gens autour de moi, mais ils ne comprenaient pas ce que je vivais ou ce que je pouvais ressentir au-dedans de moi.

Quand j'étais dans le « monde » comme on a tendance à le dire, il y a des épreuves ou des situations auxquelles je n'avais pas été confrontés, mais à Christ, croyant que les choses seraient certainement plus faciles, je me retrouvais le dos au mur, acculé de partout.

Les différents côtés bloqués, et je ne savais pas à qui regarder, car : la gauche, la droite, l'avant et l'arrière étaient sombres, mais il n'y avait qu'en haut que je pouvais lever mes yeux et espérer avoir une solution, un retour, car j'étais perdue de tous les côtés.

Il peut arriver qu'on passe par tout cela, mais Dieu lui-même nous dit : que nous allons passer par le feu, mais celui-ci ne va pas nous bruler, (j'avais oublié cette partie quand c'était devenue chaud, à croire que quand les choses ne vont pas bien, on oublie ce qui doit nous donner de l'assurance).

La seule chose que j'avais à faire quand tout était difficile, compliqué et incompréhensible autour de moi ; j'ai appris, que c'était de lever mes yeux vers le ciel.

C'était la meilleure chose que je pouvais faire dans ce cas.

Pourquoi ?

Je m'explique :

Même pour qu'une personne vienne vers toi pour t'apporter son soutien, il faut que Dieu puisse lui donner ce qu'elle va te transmettre, sinon sa visite sera vaine, inutile.

On va dire que c'est une simple visite de courtoisie qu'elle viendra te rendre et rien d'autre.

Mais quand une personne a été envoyé par Dieu, elle vient avec un cadeau (souvent elle-même n'en est pas consciente) vers toi, et c'est ce que Dieu a mis en elle.

Ce cadeau te permettra de recevoir non seulement la consolation et la force pour te relever et avancer.

Lever les yeux, te permet de dire clairement à Papa ce que tu ressens, comment tu te sens vraiment, les cris que tu as envie de pousser, le ras-le-bol que tu as envie d'émettre.

Ça ne veut pas dire qu'il ne sait pas ce que tu vis ou qu'il n'est pas conscient de ce que tu traverses, mais il a besoin de ta propre permission pour intervenir dans ta vie.

Il reste un gentleman et ne rentre pour certaines choses qu'avec notre autorisation, sinon on va l'accuser après quand les choses ne seront pas comme nous les voulons.

Alors quand j'ai vu que les choses étaient assez bizarres et qu'il n'y avait que d'en haut que je pouvais recevoir le secours pour toutes les épreuves que j'ai traversée.

Je n'ai pas hésité à faire cela !

Au départ c'était difficile, je ne savais pas comment le faire. Je me rappelle que j'ai demandé à Saint Esprit de me conduire.

J'avais envie de l'accuser au début de tous les maux que je vivais, IL était le coupable idéal à ce moment.

J'avais envie de lui dire qu'il était le responsable de tout.

Il était le bouc émissaire parfait, vue qu'il n'allait pas répondre et j'étais vraiment en colère.

Je cherchais sur qui déverser tout ce que je ressentais à cet instant.

Mais après un silence aigue de sa part, je me suis remise en question et là ; j'ai commencé à me demander si je posais les bonnes questions et si mes actions étaient correctes envers lui.

Car j'étais vraiment fâché contre Dieu à cette période car IL m'avait conduit dans sa maison, à le rencontrer, mais les choses n'allaient pas du tout.

Mais est-ce que c'était la solution ?

Pour moi, oui c'était ce qui me convenait car c'est lui qui m'avait envoyé sur ce chemin-là, et personne d'autre.

J'avais oublié la partie ou je pleurais tous les jours criant à lui et implorant son secours face à toutes ces injustices que je vivais.

Donc toutes les difficultés que je vivais n'étaient que le fruit de sa négligence envers moi.

Je me disais qu'il avait ses « enfants préférés » et moi je n'en faisais pas parti, sinon :
pourquoi je souffre autant et IL regarde.

Ce que je ne savais pas à cette époque ou que je savais mais qui semblait disparaître de ma tête c'est qu'il y a des paliers à franchir et pour chaque palier, il y a des épreuves qui correspondaient.

Ces paliers sont l'école du Saint Esprit.

Visant à nous dépouiller de notre ancien nous, à retirer tout ce qui peut nous alourdir, afin de nous remplir des valeurs de Jésus et du Royaume.

Souvent on pense que les choses se font du tic au tac, comme si Dieu est un magicien.

Il est capable de le faire, je n'ose pas dire le contraire, mais ça n'a pas de sens, car une chose qui ne t'a pas couté, tu ne vas pas la conserver comme un précieux trésor.

Et c'est ce qu'il voulait me faire comprendre à travers toutes ces choses d'une part,

Mais de l'autre côté, il voulait aussi que je puisse véritablement connaitre sa voix et lui faire confiance comme il ne cessait de me le dire.

Que j'arrête d'avoir des plans de secours pour ma vie, comme j'avais tendance à le faire.

Chapitre 7 :

Une voie que Jésus nous donne l'évangélisation

Quand j'étais encore loin de Jésus, je fuyais les personnes qui venaient m'annoncer la Parole de Dieu.

C'est comme s'ils avaient une odeur et une heure précise à laquelle ils arrivaient toujours chez moi.

Un jour, j'en ai eu marre quand je les ai entendue arriver et j'ai vraiment bouclé ma porte,

Ils sont restés devant la porte et ils ont longuement sonnés,

J'étais dans ma maison et je n'ai point ouvert.

Eux ils voulaient me parler de Jésus, mais moi j'en avais assez car ils me fatiguaient.

Ne sachant pas que des années après, j'aurai fait la même chose !

Annoncer la Parole de Dieu est un ordre que nous avons reçu de Jésus :

Matthieu 28 : «　[19] Allez, faites de toutes les nations des disciples, les baptisant au nom du Père, du Fils et du Saint Esprit,

[20] et enseignez-leur à observer tout ce que je vous ai prescrit. Et voici, je suis avec vous tous les jours, jusqu'à la fin du monde. »

Cet ordre ne dit que si tu veux ou si tu ne veux pas, un ordre doit être exécuté.

Alors, je devais aussi le faire.

Ce n'était pas un fardeau, mais je le faisais avec plaisir car je voulais parler de ce Dieu qui m'avait sauvé et qui m'avait donné une nouvelle vie.

Je voulais que tout le monde le connaisse et surtout qu'il découvre ce Jésus que je n'avais jamais vu sous cet angle jusqu'à aujourd'hui.

Du coup, je parlais de Jésus partout et aux différentes personnes que je croisais.

Je ne pouvais plus avoir une discussion sans que son nom ne sorte. Les gens pensaient peut-être que je voulais les agacer avec cela, mais ils ne pouvaient pas savoir ce que je ressentais quand Jésus est venu me sortir de ce dans quoi j'étais.

On me disait que j'en faisais un peu trop, mais les gens ne pouvaient pas savoir que je ne le faisais pas exprès.

C'était devenu naturelle pour moi !

Je le connaissais et je voulais partager ce bonheur qu'il me donnait chaque jour, non seulement dans la maison de Dieu mais dans ma propre vie aussi.

Car oui, ma vie avait changé depuis ce jour.

Je marchais de façon différente et je voyais aussi les choses d'une autre manière.

Mais ce que je ne savais pas, c'était comment parler avec douceur aux personnes qui n'étaient pas encore dans le même chemin que moi.

Je m'y prenais mal, car j'écoutais souvent les expériences des autres qui n'étaient pas bonnes et je pensais que cela devait aussi s'appliquer à ma vie !

Ce qui n'est pas vrai !

J'ai plutôt chassé les gens par cette attitude qui n'était pas du tout bonne !

C'est un ami qui m'a recadré, il m'a fait comprendre par un exemple que j'agissais mal.

Il avait été plus sage que moi dans cette l'affaire, alors que moi j'avais été insensé à ce moment précis.

C'est son rappel à l'ordre qui m'a permis de rectifier le tir et de revoir ma façon de procéder.

Ce fut une douche froide, mais elle était venue au bon moment.

Dans toute chose, il faut toujours demander la sagesse d'en haut avant d'agir et moi, je voulais agir en fonction des autres, je n'avais pas demandé à Papa Dieu sa sagesse.

Mais cela m'a aussi permis d'apprendre de mes erreurs et de savoir qu'il faut toujours lever les yeux peu importe la situation car celui qui est en haut sait toute chose et connait la sagesse avec laquelle nous devons procéder pour n'importe quelle situation.

Chapitre 8 :

Croire que nous ne sommes pas utiles dans les mains de Dieu

Je pensais ne pas être utile car je n'avais pas les révélations du siècle.

Je pensais que j'étais peut-être un meuble dans la maison de Dieu et que seul les autres pouvaient recevoir des choses d'en haut et non moi.

Je ne me considérais pas comme un enfant de Dieu en réalité.

Oubliant que le mode d'opération est différent et non figé et que celui qui reçoit n'a pas tout, chacun reçoit dans son couloir.

Je voulais courir dans le couloir des autres.

Volontairement, je fermais mes canaux de réception à cause de ma méconnaissance mais aussi à cause de l'envie.

C'est peut-être ce que tu veux faire aujourd'hui ou bien que tu sois déjà dans ce cas.

Ne convoite pas le mode d'opération des autres, mais travaille à ce que le tien soit parfait.

Si tu n'as qu'un seul don, travaille à son perfectionnement au lieu de chercher ce que tu ne peux pas supporter car tu vois ce que les autres ont.

On se laisse trop distraire car on veut tous faire de la même manière, ce qui fait que nous marchons dans le faux et nous opérons dans le faux.

Nous créons de fausses révélations et nous mettons les autres dans les problèmes et nous mentons avec le nom de Saint Esprit.

Tu as ton couloir et si tu es là, c'est que tu as été choisi pour être dans celui-ci.

Alors demande à celui qui t'a donné le don, comment il fonctionne et comment il doit aider les autres ?

Ce n'est pas parce que ton frère fait tomber les autres que toi aussi tu dois le faire.

Ou parce qu'il est prophète que tu penses que c'est la mode et que tu souhaites absolument l'être et faire comme lui.

Peut-être toi, tu as le don dans l'exhortation et tu veux aller dans le couloir de l'autre.

J'ai un frère qui opère dans la puissance et j'étais toujours fasciné par sa façon de faire.

Franchement la première fois que je l'ai vue à l'œuvre, j'ai juste dit : waouh, on peut opérer comme ça !

Je disais toujours : Ah Saint Esprit, on dirait que moi je n'ai rien reçu, parce que ce que je vois avec lui est trop beau et moi je n'ai même pas ça.

Mais moi, ma puissance est dans la Parole, dans l'exhortation, dans la consolation...

Pas que ce n'est pas puissant, bien au contraire, mais la méconnaissance a failli me perdre.

Grâce soit rendu à Jésus qui a bien voulu me ramener sur le droit chemin en me disant de ne pas me comparer aux autres et en gardant mon cœur face à toutes les pensées qui voulaient venir me conduire dans la comparaison avec les autres.

Tu n'as pas besoin de danser comme ton frère, tu as juste besoin de savoir bouger et Saint Esprit mettra la musique et IL te fera danser à son rythme.

Reste focalisé et surtout cours dans ton couloir car c'est là que tu as été placé.

Conclusion

Faire une conclusion commune n'est pas le but,

Je voudrais avant tout t'inviter à véritablement te poser certaines questions.

Les raisons de ton choix de la Personne de Jésus, pourquoi as-tu décidé de l'accepter ?

Était-ce juste pour fuir les rêves que tu faisais la nuit ou les sorciers qui te fatiguaient ?

Était-ce juste un effet de mode, comme tu as vu les autres opter pour ça, toi aussi tu as décidé de faire le choix ?

L'as-tu choisi juste par amour ?

Jésus ne doit pas être une option de secours, mais IL est le choix parfait.

Même quand tu rentres par la fenêtre de la guérison ou d'un miracle, tu dois pouvoir aller à la porte qui est Jésus.

Avant, je voulais le prendre comme une option.

Avoir mes projets et l'inclure pour qu'IL vienne juste conclure avec son cachet.

Mais quelle Gloire ou quel honneur aurait-IL eu là-dedans ?

Je sais que tu veux te demander si tu es à la bonne place.

Je veux te rassurer que tu es à la bonne place et tu ne dois pas en douter.

Ne laisse pas les pensées, les soucis et les blocages te faire penser le contraire.

Jésus est bel et bien mort pour toi pour que tu aies la vie, alors vis sa vie et profite pleinement de cette dernière.

Son désir est que tu puisses jouir de la vie et que tu sois dans l'abondance.

Jean 10 « : ¹⁰ Le voleur ne vient que pour dérober, égorger et détruire ; moi, je suis venu afin que les brebis aient la vie, et qu'elles soient dans l'abondance.

¹¹ Je suis le bon berger. Le bon berger donne sa vie pour ses brebis. »

Tout au long de ce livre, je t'ai relaté ce que Saint Esprit m'a dit de te donner afin que ces choses te servent.

J'ai peut-être passée ces étapes avant toi, mais le même Saint Esprit qui m'a aidé et qui a été avec moi, est aussi là pour toi.

Et IL veut simplement que mon expérience soit comme un tremplin pour toi, afin que tu te dises que tout est possible et que même quand tout est sombre,

Il est le seul qui puisse venir tout changer à ton avantage.

Mets véritablement ta vie dans ses mains avant tout et accorde-lui toute ta confiance.

S'il te déçoit c'est lui-même qui aura honte.

Mais IL est celui qui ne déçoit jamais et qui ne forme pas au rabais.

Il est celui qui te conduit dans tout afin que tu puisses toujours avoir la victoire sur tout.

Alors, je préfère lui faire confiance et te demander d'essayer de le faire.

J'étais comme ceux qui fuyaient les personnes qui viennent annoncer la Parole de Dieu car je me disais suffisante et je faisais intervenir Dieu que lorsque j'avais des problèmes.

Ce n'était pas son rôle, mais c'est ce que je lui donnais comme place.

IL voulait plus, IL voulait la première place et moi je ne le comprenais pas avant.

J'ai tellement tourné en rond dans ma vie car Dieu me cherchait depuis, mais je faisais toujours le contraire et je me retrouvais toujours à la mauvaise place.

J'étais tellement focalisé sur des choses vaines que je perdais du temps même étant devenu chrétienne.

Les erreurs sinon les expériences des autres doivent t'aider à gagner du temps non seulement et te fortifier, afin que tu prennes courage et que tu te dises que tout est possible avec LUI.

Pour toi qui ne connais pas encore Jésus,

Je t'invite à lui donner ta vie et à le reconnaitre comme Seigneur et Sauveur.

Tu as besoin de Jésus et tant que tu vas lutter, tu vas tourner en rond.

Fais cette prière avec moi :

Seigneur Jésus, longtemps j'ai lutté et cela ne m'a pas apporté gain de cause, j'ai essayé de fuir loin de ta face en me cachant dans les plaisirs de ce monde, essayant de trouver une satisfaction que je ne saurai expliquer. Je viens aujourd'hui m'abandonner à toi, je viens tel(le) que je suis sans enlever quoi que ce soit, car je compte sur toi pour le faire. Tu changes tout ce que tu touches, alors Jésus change moi. Viens dans ma vie et donne-lui un sens. Amen.

Printed by Books on Demand GmbH, Norderstedt / Germany